TODO CHIDO

UN NUEVO COMIENZO

LUPITA V. GARCÍA
CÉSAR R. ESPINO

Copyright © 2023 por Lupita V. García
Copyright © 2023 por César R. Espino

Todos los derechos reservados. Ninguna parte de esta publicación puede reproducirse, distribuirse o transmitirse de ninguna forma ni por ningún medio, sin el permiso previo por escrito del editor.

Publicado por César R. Espino / CRE Companies, LLC

Todo Chido – Un Nuevo Comienzo - 1ª edición

ISBN 979-8-9866205-6-5 (dBook)
ISBN 979-8-9866205-7-2 (pbk)

Diseño de Portada de Libro por JeLaunch.net

www.CesarRespino.com
www.TodoChidoMorro.com

PRÓLOGO

¿Por qué escribimos este libro y cuál es el propósito?

Todavía me acuerdo como en el 2022 salió algo muy inocente que en ese momento no creímos que sería algo significativo. Poco a poco se convirtió en un mensaje de esperanza dándole ayuda a miles y miles de hombres por todas partes del mundo.

¿Así que, por que se escribió este libro? Bueno, las respuestas se pueden encontrar a través del transcurso de los capítulos, en los cuales encontrarás diferentes situaciones que un hombre ha pasado, está pasando, o puede pasar y dar sugerencias en cómo afrontarlas. Al mismo tiempo, proveer ejercicios para sobresalir como hombre y estar mejor preparado cuando estés en una nueva relación o como crecer la relación actual. Y para que nos expliquemos mejor, el propósito del porqué el libro tiene un subtítulo de un nuevo comienzo...

Nuestros deseos son de que en este libro encuentres un capítulo, un párrafo, una oración, una frase o un ejercicio que compagine contigo y te ayude de muchas maneras en tu vida y más que nada que te impacte y deje una huella en ti.

"Mi mejor consejo de relación para ti es... No engañes tu futuro con tu pasado". ~ César R. Espino

1

AMOR A DISTANCIA

Un día me preguntaron si creía en el amor a distancia, yo repetí en forma de pregunta ¿amor a distancia? ¡Claro que sí, lo creo! y es uno de los amores más bonitos, es un amor puro y sincero, porque amas a una persona que está a kilómetros de distancia, amas esa inmensa emoción que sientes que algún día podrás ver a esa persona. Poder tocar su rostro, tocar sus manos, acariciar su piel... y es que es tan fuerte que un simple beso te sabe a miles. Cinco minutos más con esa persona cuando se encuentran y se unen en el mismo lugar se siente como que esos miles de kilómetros nunca los separaban. Ese abrazo de bienvenida se siente al quiero estar por siempre a tu lado y es que un amor a distancia se siente aun más inmenso que un amor normal, las ganas para todo son más fuertes.

Las veces que se ven son más especiales y caramba, ese abrazo de despedida te deja con ganas de volver a estar una y mil veces en sus brazos; el amor a distancia es así un amor que es fuerte, que rompe barreras tanto en kilómetros como en amor. Es un amor que tiene que ser resistente y tiene que estar preparado para cualquier situación, tanto buena como mala, ya que si algún día tienes un problema con esa persona tienes que saber que no es igual a otras relaciones, no puedes salir de casa y dirigirte a la suya para arreglar todo y darse un abrazo.

Tienes que entender que tienes que tener una comunicación muy grande, tienes que ser fuerte y sobrellevar esos ataques de que ya quieres estar con esa persona. Esos **"te extraño"** que duelen en el pecho y te preguntas si será lo correcto continuar o darse por vencido, te llega el pensamiento de tirar todo por la borda, pero te llega ese mensaje de *"te amo"* y te das cuenta que tu pregunta es contestada y sabes que quieres luchar hasta el fin para continuar. Después comienzan los celos y tienes que entender que tienes que ser muy fuerte para sobrellevar todo lo que se viene.

Pero algo que hace diferente a este amor es eso es, la manera en cómo la confianza está en lo más alto, sabes amar de una manera tan bonita y fuerte, que hace más entendible todo.

Así que sí, sí creo en el amor a distancia, creo en ese amor que sin ver y tocar a esa persona haces que la ames aún más. Creo en esos "te amo" virtuales que valen mucho más que otros que se dicen presenciales. Creo en esos abrazos, esos besos y te extraño con el corazón y lágrimas en los ojos. Pero sobre todo creo en ese amor tan bonito que al final termina reencontrando corazones que se encontraban a miles de kilómetros y que a pesar de todas esas barreras logró triunfar para estar juntos y permanecer por siempre unidos. Creo en ese amor que para mí no es a distancia, sino que es un amor **para valientes.**

El amor verdadero es un sentimiento profundo y duradero que trasciende la distancia física. Es una conexión emocional y espiritual entre dos personas que se sienten atraídas y comprometidas el uno con el otro. El amor verdadero no depende de la proximidad física, sino de la conexión emocional y la comunicación entre las personas.

Cuando se trata de amor verdadero, la distancia física no es un factor determinante. Incluso si las personas están lejos el uno del otro, pueden sentirse cerca en el corazón. Pueden mantenerse conectados emocionalmente a través de la comunicación, el apoyo y la confianza mutua. Aunque la distancia física puede ser difícil, el amor verdadero puede superar estos desafíos y mantener una relación fuerte y sólida.

En una relación a distancia, la comunicación es esencial para mantener una conexión emocional. A través de llamadas telefónicas, videollamadas, mensajes de texto y correos electrónicos, las personas involucradas pueden compartir sus pensamientos, sentimientos y experiencias diarias, lo que ayuda a mantener una conexión emocional y a superar la distancia física.

La confianza es otro factor importante en una relación a distancia. A medida que las personas están lejos el uno del otro, es importante confiar en que el otro no está comprometiendo la relación mientras están lejos. La confianza permite a las personas involucradas sentirse seguras en la relación y en el otro, lo que ayuda a superar los celos y la incertidumbre que podrían surgir debido a la distancia.

En conclusión, la distancia no puede medir el amor verdadero. El amor verdadero es un sentimiento profundo y duradero que trasciende la distancia física y se basa en la conexión emocional y la comunicación entre las personas. Aunque la distancia física puede ser difícil, el amor verdadero puede superar estos desafíos y mantener una relación fuerte y sólida a través de la comunicación y la confianza mutua.

💭💭
Usa esta hoja para que escribas tus pensamientos, y deseos de esa relación de distancia...*

*NOTA: Si en algún momento quieres usar las hojas de reflexiones, te recomendamos que hagas copias y así estas te sirvan para muchos usos en el futuro.

2

LA FAMILIA

Muchas veces nos dicen que tenemos que ser apegados a la familia, estar en convivencia con ella y no hablamos de las relaciones entre padres e hijos, sino entre primos, tíos, sobrinos y abuelos. Muchas veces nos inculcan que la familia siempre tiene que estar unida sin importar qué y es muy bonito tener esos seres queridos que te apoyen. Pero si vemos la realidad, muchas veces esa familia es la primera en dudar de tu potencial, en cortarte las alas en tus nuevos proyectos, muchas veces esa familia se vuelve tú competencia y empiezan las envidias, y empiezan las peleas por quién es mejor que el otro. Muchas veces tu propia familia te pone obstáculos para no verte lograr tus metas.

Empecemos por los padres.

Hoy en día tenemos más casos donde los padres abandonan a sus hijos con sus abuelos, porque ellos quieren disfrutar la vida sin ellos. Muchas veces hay simplemente padres que les queda muy grande esa palabra y no se hacen cargo de sus hijos, padres que tratan y dañan a sus hijos no solo físicamente, sino mentalmente. Y padres que piensan que sus hijos están creciendo en un buen entorno sin darse cuenta de que un buen ejemplo no se le está demostrando de su parte. Padres que piensan que seguir juntos es por el bien de los hijos, sin entender qué peleas, gritos y reclamos día tras día, no es lo mejor para ellos. Otros que piensan que sus hijos son sus enemigos y les hacen la vida imposible e incluso hacen cualquier cosa para que nada les vaya bien. Padres que piensan que solo por hablar con sus hijos un día a la semana y preguntarles cómo están ya cumplen con ese papel y a los que simplemente no les queda esa palabra por muchas cosas más.

Pero de igual manera existen esos padres que dan su vida por sus hijos, que nunca los dejan solos, que aplauden y con orgullo celebran todos y cada uno de sus logros obtenidos, que los cuidan y protegen más que a su propia vida. Cuidan cada paso y cada movimiento de ellos, esos padres que están presentes en cualquier situación sea buena o mala, que apoyan con ojos cerrados cada proyecto, cada paso, cada meta que sus hijos quieren realizar. Muchas veces son esos ángeles que te guían siempre por donde vas.

Y ahora los tíos y abuelos.

Muchas veces te encuentras con tíos o abuelos que logran ese papel de los padres cuando ellos no están presentes, los que dan educación y valores, los que te hacen siempre ser mejor persona y lograr lo que te propongas.

Pero también están los tíos que quieren que sus propios hijos siempre sean mejores que tú y esa actitud es la que te hace rival con tus primos. Esos tíos que ponen obstáculos para que tú no puedas cumplir tus metas y así poder decir que sus hijos son los mejores, muchas veces poniendo como ejemplo a personas que ni siquiera sus propios padres conocen.

Y así que me explico...

No estás obligado a estar en una familia donde te hagan sentir mal, sé que muchas veces las palabras y apoyo de tus seres queridos es muy importante para darte para arriba cuando te quieres rendir. Pero es importante aprender a identificar a los que lo hacen de corazón, porque muchas veces tu mayor enemigo es tu propia familia. Tú debes de saber que no necesitas a nadie para seguir, recuerda que tú eres lo más importante que tienes, y así será para lograr todo lo que te propones en tu vida.

Familia en general.

Para muchos son muy importantes las relaciones familiares, la convivencia y el apoyo que se dan mutuamente entre todos, esos días en donde conviven y entre todos se festejan cada uno de sus logros. Donde si uno estudió la carrera que está comenzando otro, se apoyan entre ellos para aclarar cualquier duda y animar al otro. Donde en esas comidas familiares se la pasan riendo y contando tonterías. Esos momentos donde te das cuenta de que no te hace falta nada porqué tienes a tu familia reunida, donde recuerdan a los que ya se fueron, pero con alegría, siempre recordando todas las cosas buenas y lecciones que ellos les dejaron. Muchos tienen la suerte de tener esa familia que muchos quisieran, donde se apoyan y conviven, sin saber qué tal vez tú la tienes, pero quieres ignorar esos consejos que piensas que son para fastidiarte. Pero en realidad son consejos para que hagas las cosas bien, para que no te dañes tú ni tu persona. Solo que no te das cuenta de ello por estar pensando siempre lo contrario, tu familia está contigo y te apoya. Solo presta un poco más de atención porque no sabes cuando será esa última vez de esos regalos de tus padres, de ese coscorrón de tus abuelos para que no te portes mal, esas salidas con tus primos, y esos chistes mal contados de tus tíos.

Así que presta más atención a tu alrededor y date cuenta, deja ese celular en las comidas familiares tan solo son unas horas, unas horas que en un futuro tal vez las quieras de regreso, perdona abraza y ama a tu familia.

Solo en una vida van a coincidir y no sabes cuando esa vida se irá.

El acto de agradecimiento es una de las cosas más importantes en cualquier relación familiar y mucho más importante en relación propia. Usa esta hoja y escribe el gran agradecimiento que tienes para esa persona que te ha apoyado para cumplir tus metas y regálasela. *

_____
_____
_____
_____
_____
_____
_____
_____
_____
_____
_____
_____
_____
_____
_____
_____
_____
_____
_____
_____
_____
_____
_____
_____
_____
_____

*NOTA: Si en algún momento quieres usar las hojas de reflexiones, te recomendamos que hagas copias y así estas te sirvan para muchos usos en el futuro.

3

FALLAS

Cuando las personas fallan, ya sean amigos, familia, o pareja lo primero que se pierde es la confianza que es lo más valioso que se puede tener. Y lo más difícil que se logra conseguir en una relación o sea cual sea el vínculo afectivo que se tenga con esa persona. Cómo hacerlo, cómo confiar nuevamente en donde depositaste todo ese amor, ese cariño, ese respeto, pero sobre todo esa confianza. Probablemente muchas veces piensas que se puede olvidar ese daño causado, pero para qué mentir, eso jamás se olvida y jamás se puede tener nuevamente esa confianza que alguna vez tenías desde el principio. Mas bien uno nunca puede olvidar, lo que uno tiene que hacer es decidir **no** pensar en todo eso ya más.

Tienes que saber que si te causaron daño no es tu culpa de ya no confiar en esa persona, tienes que entender que tu valor es muchísimo y que nadie tiene derecho a fallarte de una manera en la que te haga sentir mal. Ni que te pueda perjudicar, lastimar, causar algún daño y no solo sentimental, sino que ese mismo daño te producirá inseguridad y una autoestima baja. Y eso tienes que entender que no es justificable. Acaso no se ponen a pensar en lo que están haciéndole a esa persona, a ese humano que lo único que ha hecho mal es amar, querer y respetar ese vínculo. Y aun así lo siguen lastimando, no se puede justificar que te fallen, porque créeme la confianza ya no será la misma.

Si se tratara de una situación donde desean continuar a pesar de los hechos, tienes que entender que necesitarás mucha fuerza, mucho valor para continuar y seguir a pesar de esas fallas. Y aun teniendo ese deseo de salir adelante con ayuda psicológica y con una comunicación entre ambos es algo de mucha importancia y necesaria.

Cuando alguien nos falla, perdemos la confianza en esa persona y eso es algo difícil de recuperar. Sin embargo, hay varios pasos que se pueden tomar para superar la confianza perdida y tener relaciones saludables y estables en el futuro. Estos incluyen procesar sentimientos y emociones, establecer límites y comunicar necesidades, trabajar en la construcción de confianza nuevamente, buscar ayuda psicológica y ser consciente de los actos de comportamiento. Cada uno de estos puntos es importante y están interrelacionados, por lo que es esencial abordarlos de manera integral.

Procesar sentimientos y emociones: Procesar tus sentimientos y emociones antes de tomar cualquier decisión en relación a la confianza perdida es crucial. Esto puede incluir tomar tiempo para reflexionar sobre lo que ha sucedido, hablar con amigos o un terapeuta sobre cómo te sientes y cómo te afectó la situación. Puede ser útil escribir en un diario o hacer alguna actividad que te ayude a liberar tus emociones. Es importante procesar las emociones negativas antes de tomar una decisión, ya que si no lo hace, es posible que tome una decisión basada en la cólera o el dolor, en lugar de la razón. También es importante recordar que procesar los sentimientos no significa que debes olvidar lo que ha sucedido, sino que debes entenderlo y aceptarlo para poder seguir adelante.

Establecer límites y comunicar necesidades: Una vez que hayas procesado tus sentimientos y emociones, es importante establecer límites claros y comunicar tus necesidades y expectativas. Si decides continuar la relación, es importante que ambas partes entiendan qué es lo que se espera de la otra. Establecer límites y comunicar tus necesidades ayudará a evitar futuras decepciones y ayudará a construir la confianza. Es importante tener en cuenta que establecer límites no es una señal de debilidad, sino una forma de proteger tu bienestar emocional.

Construir confianza: Trabajar en la construcción de confianza nuevamente es esencial para tener una relación sana y estable. Esto puede incluir tener una comunicación abierta y honesta, ser transparente y cumplir con las promesas y compromisos. La comunicación es clave para construir confianza, ya que ayuda a entender las necesidades y expectativas de ambas partes. Es importante ser transparente y cumplir con las promesas, ya que esto ayuda a fortalecer la confianza. Sin embargo, es importante recordar que la confianza no se construye de la noche a la mañana, requiere tiempo y esfuerzo constante.

Buscar ayuda psicológica: Buscar ayuda psicológica puede ser muy beneficioso. Un terapeuta o consejero puede ayudarte a procesar tus emociones, aprender habilidades para manejar conflictos y construir confianza. Un terapeuta puede ayudarte a identificar esas facetas de comportamiento. Es importante recordar que confiar en alguien no significa ser ingenuo o ciego ante posibles fallos futuros. La confianza debe ser construida y fortalecida continuamente a través del tiempo y el esfuerzo. Es importante ser consciente de los comportamientos y estar preparado para manejar problemas en el futuro. Por ejemplo, si una persona tiene un historial de ser infiel, es importante ser consciente de esa actitud y estar preparado para manejarlo si ocurre en el futuro. Es importante tener en cuenta que confiar en alguien no significa ser ciego a posibles problemas, sino estar preparado para manejarlos de manera efectiva si ocurren.

💭💭
Usa esta hoja para que escribas tus sentimientos. Escribe de la manera como te fallaron y más importante escribe lo que aprendiste después de esta experiencia y como puedes usar esos entendimientos y aprendizajes para tu actual o futura vida...*

_____
_____
_____
_____
_____
_____
_____
_____
_____
_____
_____
_____
_____
_____
_____
_____
_____
_____
_____
_____
_____
_____
_____
_____
_____
_____

*NOTA: Si en algún momento quieres usar las hojas de reflexiones, te recomendamos que hagas copias y así estas te sirvan para muchos usos en el futuro.

4

💬💬

UNA CARTA NARCISISTA

Hola me presento, yo seré el amor de tu vida, ¿mi edad? Mi edad, no importa por el hecho de que puedo lograr ser esto desde joven, y ahora te menciono que yo te voy a amar como nunca nadie lo ha hecho. Yo te haré sentir todo lo que un día me dijiste que querías que te hicieran sentir, mental, sentimental, y espiritualmente. Pero que nadie lo había logrado hacer, yo te haré sentir la persona más especial en la vida, haré cualquier cosa por ti. Sentirás ese amor que nunca nadie había podido lograr darte, yo te despertaré por las mañanas de las mejores formas para que te sientas especial.

Te escribiré esos mensajes de texto que siempre habías esperado, pero que nunca habían llegado. Yo te voy a presumir como siempre lo quisiste, yo te haré sentir la afortunada que soy al tener a una persona como tú en mi vida. Yo te voy a admirar en todo lo que hagas y en la persona que tú eres, incluso te presentaré con mi familia y mis amigos y les diré que eres la persona que siempre había buscado y que por fin te encontré. Te haré sentir que eres único y cuando estés mal te apoyaré como nunca nadie lo había hecho. Yo daré todo por tu felicidad, yo estaré dispuesta a compartir mucho tiempo y atención a tu lado y cuando no pueda responder a tus llamadas y darte la atención que necesitas yo siempre buscaré algún momento para dedicártelo a ti.

Solo por el hecho de que sientas mi amor hacia ti y demostrarte que tú eres completamente especial para mí. Cuando tengamos problemas siempre trataré de solucionarlos, trataré de darte siempre lo mejor y también esa estabilidad que siempre quisiste tener en una relación estable. Que tú no tengas duda de haberte equivocado por estar a mi lado, subiré fotos contigo a mis redes sociales para que todo el mundo o personas en común vean lo feliz y enamorada que estoy de ti. Yo seré la persona más amable en todas las situaciones que se presenten, seré encantadora, seré muy divertida, pero siempre mi objetivo será hacerte feliz y hacerte sentir una persona especial. Ten por seguro que te haré sentir que yo y únicamente yo soy tu alma gemela, esa persona con la que vas a querer compartir tu vida y hacer esos planes para el futuro. Yo seré esa persona que muchas veces deseaste tener a tu lado y contigo.

Yo le caeré muy bien a tu familia y poco a poco seré alguien importante para ellos, ya que yo me voy a encargar de que tu familia vea lo grandiosa que soy. Mas tú me ayudarás en contarles lo magnífico que yo te trato a ti, tú te encargaras de decirle a tu familia y amigos lo afortunado que tú eres por tenerme en tu vida y que jamás encontrarás a una persona como yo.

Pero cuando tú estés enamorado de mí, yo me encargaré de cambiar todo lo magnífico que logré que creyeras que yo era. Yo haré que sufras y que desconozcas a la persona con la que tú estás. Poco a poco te quitaré mi atención, no tendré tiempo para ti nunca y cuando tú me preguntes o reclames algo siempre te haré sentir que tú eres el culpable y que por tus actos y aptitudes yo soy quien soy (diferente a ti) hasta que tú me pidas disculpas. Haré que tu familia y amigos crean que tú me estás haciendo mal y por ese motivo yo me estoy alejando de ti.

Todo esto para que yo quede como una víctima y que tú te sientas mal. Ya no te apoyaré ni te admiraré como lo hice al principio y quitaré toda mi atención de ti y se la daré a nuevas personas, incluso lo haré enfrente de ti para que tú te sigas sintiendo mal de muchas maneras. Pero al final de tantas cosas y situaciones tú no entenderás esto y seguirás creyendo que soy la persona que conociste y pensaras que solo estoy pasando por un mal momento. Y lo peor, tu creerás que todo volverá a ser igual como antes y yo ignoraré tus lágrimas, tus tristezas, tus enojos.

Todo eso no me va a importar a mí, no tendré el mínimo interés en tus sentimientos y en todos esos malos ratos que pases. Yo te ignoraré y haré cosas que a mí me gusten, saldré con amigos y la pasaré genial mientras tú, estarás sufriendo por todo lo que hice que tu creyeras que yo era. Te preguntarás una y mil veces que fue lo qué pasó, pero todas esas veces tú te culparás de todo. Porque de alguna forma yo hice que tú siempre ante cualquier problema te culparás, aunque tú no tuvieras la culpa y todo esto para yo quedar como una víctima y tú el culpable.

Cuando tú empieces a verte mal y a platicar con tu familia y amigos de todo lo que te está pasando, cuando les cuentes y hables de los malos tratos que yo te doy, nadie lo va a creer. Porque yo puedo estarte tratando tan mal y hacerte sentir mal mentalmente y nadie lo sabrá, pero cuando salgamos con familiares y amigos siempre aparentaré lo contrario, para que ellos crean que somos felices y piensen que tú estás mal. Y ten por seguro que, aunque tú hables mal de mí ante ellos y cuando yo me dé cuenta de que está llegando el momento en el cual tú te estás cansando y quieras rendirte y ya no luchar por la relación, yo regresaré a darte eso que tú quieres. Te daré la atención y te trataré bien por algunos días o algunas semanas para volverte hacer sentir importante en mi vida y hacerte sentir la persona más valiosa de este mundo. Hasta te voy a pedir disculpas por mis actitudes y te haré sentir que jamás tuviste la culpa, solo que era un mal momento que estaba pasando yo.

Cuando vuelvas a caer en mis redes y creas que todo está bien de nuevo, cuando hayas aclarado las cosas en tu familia y decirles que estás enamorado de mí, yo volveré a ser esa persona que realmente soy. Esa persona a la que no le importa lo que tú sientas, la persona que no tiene tiempo para ti y te haré volver a sentir que eres culpable de todo y así seguirá siendo una y otra vez. Llegará un punto donde tu familia ya no creerá en ti y en el daño que yo te hago, tú empezarás a entrar en depresión, en problemas de estrés, tendrás problemas de salud. Te vas a descuidar de muchas formas, pero tú mayor miedo es que yo me vaya con alguien más, estarás aferrado a mí y tendrás temor a que desaparezca de tu vida.

Tú harás todo lo que yo te diga, tú te entregarás por completo, me consentirás en todos los aspectos para tenerme contenta. Yo muchas veces te haré sentir bien por hacer esas cosas por mí, pero serán más de esas veces donde minimice todo lo que tú haces por mí y siempre te daré a entender que no es suficiente. Te diré que es muy poco lo que me das, que necesito más de ti, que necesito que tú te esfuerces más y más. Aunque tú lo estés dando todo, yo de mi parte no pondré ningún esfuerzo por ti y sentirás que solo eres tú el que está dando el cien.

Si de algún modo tú decides salir de este caos y te vas de mi lado, yo te dejaré ir sin decir nada, voy a dejarte ir sin mencionarte un quédate y haré como si no me importara nada. A la semana o después de unos cuantos días empezaré a salir con mi nueva víctima sin darte importancia y como si no existieras. En esta nueva relación haré que pase lo mismo que pasó contigo. Hacerlo sentir que es una excelente persona y tratarlo de una excelente manera y ahora lo que tú me pedías a mí, ese cambio que añorabas para que todo volviera a ser perfecto entre tú y yo lo haré, pero ya no contigo sino con él, para que sientas aún más dolor. Él será mi nueva víctima, aunque seguiré pendiente de ti y no porque tú me importes o porque me interese lo que tú estás haciendo sin mí, sino porque ya no quiero que tú estés bien con nadie; mas cuando vea que estás feliz y que ya pasaste el proceso de superación y estás saliendo adelante, te tendré una sorpresa, porque te volveré a buscar y te diré que ya cambié, que las cosas estarán mejor y que ya no tienes por qué preocuparte. Te pediré otra oportunidad y si no logro lo que quiero que es que regreses a mí, voy a lograr algo y es causarte estar mal, voy a volver a tu vida solo para desestabilizarla y que tú de alguna manera no seas feliz. Voy a estar presente arruinando cada cosa que hagas, hasta que me canse y si veo que tú sales adelante y no te importa todo lo que yo haya hecho, me obsesionaré contigo, porque fuiste alguien que no pude vencer y ahora sentiré frustración por no lograr derrumbarte como yo lo quería.

Respuesta a esa Carta Narcisista – ¡¡Lo Lograste!!

Lo lograste, lograste enamorarme perdidamente, lograste caerle bien a mi familia y a mis amigos. Hiciste lo que siempre había querido, pero lograste hacerme sentir lo que siempre había temido, lograste hacerme dudar de mí y de culparme una y otra vez por cosas donde yo no tenía la culpa. Lograste hacerme sentir que no valía nada, lograste tumbarme hasta sentir que ya no podía más, acabaste poco a poco conmigo, sin encontrar ninguna salida.

Y también lograste hacerme ver que por más derrumbado que me encontraba pude salir triunfando y demostrarme a mí mismo lo grandioso que soy. Lograste abrirme los ojos y hacerme ver que la pelea con alguien narcisista es constante y lo único que puede acabar con ella es salir brillando de todo ese caos. Y es ahí cuando se voltean los papeles porque sin hacer daño, y con tan solo ver el potencial que yo tengo tú te estás muriendo por verme feliz.

Así que gracias por darme el regalo de superación, ser feliz, y de darme cuenta de que yo valgo mucho...

Recuperación de Abuso Narcisista

Si te encuentras en esta situación, aquí hay algunas cosas que son recomendables para que superes y sigas adelante en tu vida, y más que nada para que no solo pases por el proceso de curación (superación), sino que te asegures de crecer a través de este proceso.

- Aceptar y reconocer que fuiste parte de una relación narcisista y que ya no eres ni seguirás en ese lugar y más bien estás en una etapa la cual quieres superar.
- Poner muy claro los límites con esa persona, e incluso con cualquier persona en el futuro.
- Recuperar tu identidad y fuerza; normalmente en el transcurso de estar involucrado en uno de estos casos, uno pierde su poder y su identidad. Encuéntrate una vez más con la persona que eres y más importante la que quieres ser.
- Enfócate en ti mismo, trabaja en tu autoestima, en tu propio desarrolló personal, en ser una mejor versión de ti mismo (hablaremos más sobre esto en el capítulo 7.)

Reflexiona de qué manera te gustaría recuperarte o haz podido salir de esta situación. *

*NOTA: Si en algún momento quieres usar las hojas de reflexiones, te recomendamos que hagas copias y así estas te sirvan para muchos usos en el futuro.

5

😔😔

ANSIEDAD Y DEPRESÍON

Un día, un día conocí a alguien, que se fue convirtiendo en parte de mí, en parte de mi día a día. Con ella convivía demasiado tiempo todos los días, todas las noches, me despertaba y estaba ahí conmigo. Mi día empezaba y siempre estaba a mi lado, cuando me iba a dormir estaba aún más pendiente de mí en ese momento. Creo que es cuando ella más estaba presente, incluso se quedaba conmigo hasta la madrugada y cuando por fin lograba dormir un poco, al despertar ahí estaba esperando que abriera los ojos para ser parte de mi vida como lo había sido desde el día en que comenzamos a convivir. Pero después me di cuenta de que ella venía acompañada de alguien más, pero ella siempre se mantenía en silencio, tal vez no era su hora de presentarse en mi vida, pero quería que supiera que también estaba ahí. No sabía el motivo por el cual se encontraban conmigo, pero a lo mejor algún día, entendería el motivo. Por lo pronto no le daba ninguna importancia a que estuvieran presentes, pues a mí en lo personal no me afectaban o al menos en ese momento no lo hacían.

Poco a poco, fui haciendo mi vida y todo era normal, conocí a mi actual pareja y todo marchaba bien no me podía quejar. Hasta que empecé a descubrir el motivo de aquellas dos desconocidas y empezaron a salir despacio y lento sin que nadie lo notara. Un día salí a mi nuevo trabajo y una parte de mí estaba contento por ese logro que había hecho, pero de algún modo ellas minimizaban todo lo que yo lograba y me hacían sentir insuficiente. Aunque el logro hubiera sido increíble, algo dentro de mí me decía que hubiera sido mejor si me hubiera esforzado, pero bueno, tenía que aguantar esos momentos, ya que yo estaba con ellas acompañado día con día y a todas horas y tal vez para siempre. Yo aún no lo entendía, y era una rutina diaria, que yo creí en ese momento que no tenía salida, ¿y la tiene? Es una pregunta que después de cuestionarme me la seguía haciendo, sin aún tener una respuesta a ese problema. Pensaba ¿qué estaba haciendo mal en mi vida si todo iba tan perfecto, pero ellas me repetían una y mil veces que nada estaba bien, que no me estaba esforzando lo suficiente y me faltaba dar más de mí. Yo con mucho orgullo siempre daba a conocer y presumía todos mis logros, mis avances en mi vida, cada vez que obtenía algo, demostraba la grandiosa persona que soy y todo lo que puedo lograr. No faltaban las felicitaciones de mi pareja, los obsequios y ese post en mis redes sociales donde familiares, amigos y personas cercanas me decían lo orgullosos que estaban de mí.

Pero ellas, ellas siempre eran la excepción, las que no me felicitaban y las que me decían que hubiera podido hacerlo mejor. Cualquier resultado que lograra eran ellas las que nunca sentían orgullo de la persona en la que soy y me estaba convirtiendo. Poco a poco me estaba cansando y es que con ellas pasé lo que yo creía eran los mejores días de mi vida, sin darme cuenta de que ellas, solo estaba disimulando todo para que las personas que me rodearan no se dieran cuenta lo que en realidad me estaba pasando a mí y lo peligrosas que ellas son para mi vida. Muchas veces me preguntaron cómo me encontraba y mis respuestas siempre fueron las mismas, *"Muy bien gracias", "Excelente" y "De maravilla"* nadie se imaginaba que ellas estaban ahí conmigo siempre para hacerme mentir sobre cómo me encontraba en mi estado de ánimo. Inclusive hasta a mí me engañaban y lograron engañarme muchas veces en mi sentir. Mi pareja, mi familia jamás supieron de ellas, ya que siempre me veían con una gran sonrisa y con un futuro muy grande con metas que aún me faltaba cumplir y miraban como me esforzaba.

Pero ellas siempre estaban ahí y hacían que lo más mínimo para mí fuera algo muy grande, me hizo sentir que el problema, el cual tenía muchas soluciones, en mi punto de vista no tuviera ninguna.

Muchas de las veces me cuestionaba tanto en porque ellas, solo ellas no estaban felices por mí y por qué me trasmitían ese sentimiento de inseguridad y no solo a una cosa en específico sino a todo. Empezaron a crecer mis miedos en que mis planes o metas no los lograra o salieran de la manera que yo quería. Y fue ahí cuando empecé a cuestionarme tanto, ya que lograba algo, tal cual lo había planeado, pero para mí nunca era suficiente, tenía esa sensación de poder haber hecho las cosas aún mejor y no solo era en alguna ocasión, sino que eran muchas las veces en las que yo me preguntaba que estaba haciendo mal. Aunque la realidad era que yo no estaba haciendo nada mal, pero esa sensación de que las cosas no salían bien era más fuerte de lo que yo hacía. Incluso un día conviví con mi familia en una fiesta, toda mi familia me abrazaba y me decía que estaban muy felices por mí, por todo lo que era y estaba logrando. Yo entraba en duda y no sabía cómo expresar mis emociones, y dudaba mucho en lo que me decían y aunque me lo repitieran muchas veces seguía en la misma situación y no sabía si eran palabras verdaderas las que ellos me estaban diciendo, o si eran sinceras. Y aunque así lo fueran ellas siempre estaban ahí para hacerme dudar de esas palabras; quise dejar de preocuparme, y tomar esas palabras, esos abrazos de una excelente manera y dejar de pensar en lo que ellas me estaban haciendo. Que, aunque lo negaba y aparentaba estar bien, yo sabía que ellas estaban presentes y que nunca me dejaban solo.

Muchas veces platiqué con amigos, familiares, y conocidos de lo que ellas estaban causando en mí, muchos me dijeron que era normal, que siempre pasaba eso y que todos pasaron por algo similar. Pero todos ignoraban lo que decía, ya que para ellos yo siempre parecía estar en completa plenitud con mi vida. Me miraban feliz, cumpliendo mis metas, todos y cada uno de los propósitos que tenía, pero nunca se dieron cuenta en ver más a fondo y ver todo lo que me esforzaba y todo lo que estaba pasando dentro de mí. Ellos jamás se dieron cuenta de todo lo que vivía día a día desde que despertaba hasta que iba a dormir. Esas noches de insomnio, esos días donde las horas pasaban y no había comido ni un solo bocado. Esas horas que corrían y yo solo me mantenía viendo fijamente hacia un lugar analizando muchísimo las cosas, cosas que no estaban mal en lo absoluto, y si estaban mal tenían una solución. Pero yo sentía que no era así, sentía que nada tenía solución y mis amigos y familiares jamás se preocuparon en lo que pudiera estar pasando, ya que jamás les di señales de que estaba pasando por un mal momento. Cuando mi pareja necesitaba apoyo siempre estaba ahí para demostrarle que no estaba sola que yo estaba ahí presente, aunque en su momento sentía que la persona que más necesitaba ayuda era yo, jamás quise expresarlo de una manera y cuando lo hacía eran las mismas respuestas de siempre.

Tú de qué te vas a preocupar, solo es un mal momento, no tienes por qué preocuparte, tienes todo: un buen trabajo, buenos amigos, una excelente pareja y una gran familia, ¿qué problemas puedes tener tú? Y así era siempre, pensaban que a mí no me estaba pasando nada, sin saber qué mis problemas eran más fuertes. Que todo eso de mis problemas eran mentales, eran internos, eran problemas que no se expresaban física y mentalmente, me estaban acabando. Eso nadie lo notaba, solo ellas y yo; llegó el día donde ellas empezaron a controlar mi vida y me hacían pensar que mis problemas eran demasiados y que a nadie le importaba lo que yo estaba pasando. Dejé de ver las felicitaciones por cada logro que hacía como costumbre, como si en realidad no les importara y que solo lo hacían para mantener la rutina. Empecé a ver a mi pareja de manera diferente, como si yo solo fuera un problema para ella, me di cuenta de que mis amigos no estaban preocupados por mí, que les daba igual si estaba yo o no. Ellas se empezaron a apoderar de mí y todo lo tornaron de colores oscuros y pensamientos que van más allá de estar mal. Todo cambió para mí, a pesar de saber lo grandioso que yo era en todos los aspectos. Para mí no era suficiente, más bien yo me sentía insuficiente y ellas eran las culpables. ¿Y sabes quiénes son? Bueno son dos y son diferentes entre ellas, pero afectan de la misma manera y es muy difícil encontrar la salida.

Tal vez ya has escuchado hablar de ellas, DEPRESIÓN Y ANSIEDAD.

Termino, llegué a casa, me metí a bañar, me miré al espejo y me fui a recostar, yo mismo me cuestionaba donde me faltaba esforzarme más para mantener orgullosa a mi familia. Aunque eso ya estaba pasando, pero yo no podía darme cuenta, desperté más cansado que nunca, me fui hacia el baño y terminé con mi vida sin importarme nada alrededor, ni familiares, ni amigos.

Creo yo fue la mejor decisión que pude haber tomado, se llegó el día de mi velorio, estaban mis padres, mi pareja y mis amigos presentes. Miré cómo sus ojos se llenaban de lágrimas sin entender el porqué lo había hecho. Se culpaban de no haberme puesto más atención, yo gritaba al verlos que dejaran de llorar, que ellos no tenían la culpa de las decisiones que yo tomé. Les gritaba que ellos no pudieron darse cuenta de cómo me encontraba si jamás les di señales de estar mal porque ellas hacían que mi dolor se convirtiera en risas y en juegos. Mi pareja me tomaba de la mano muy fuerte, diciéndome cuanto me amaba y que por qué le había fallado de esa manera, si ella lo único que hacía era amarme incondicionalmente. Mi pareja se estaba culpando de la misma forma que mis padres. Mis amigos lloraban y no entendían esa decisión y ellos de la misma forma estaban arrepentidos por no escucharme o ayudarme. Me acerqué y me miré en ese ataúd y miraba a mi alrededor todas las personas que me amaban, miraba mis logros de muchos años tirados a la basura por mi estúpida decisión. Parecía como que nada había valido la pena, me empecé a gritar lo cobarde que había sido al dejarme vencer por ellas. Estaba furioso insultándome en ese ataúd, con mucho coraje gritaba y lloraba para poder ver las cosas como son y no como ellas querían. Me gritaba una y otra vez lo egoísta que fui en no ver a mi alrededor el amor que me brindaron día con día esas personas que estuvieron conmigo siempre. Una vez más me miré y grité muy fuerte ¡Abre los ojos, abre los malditos ojos!

En ese momento desperté y estaba en mi cama, todo había sido un sueño, un sueño que me mostró cómo terminaría todo si yo no buscaba ayuda y si sigo dejando que ellas me controlen. Fue una pesadilla y aún estoy a tiempo de continuar, de buscar ayuda para salir adelante y luchar contra ellas. Porque siendo sincero soy más fuerte que ellas dos y mi futuro, mi vida, mis éxitos todo depende de mí.

"Las elecciones y decisiones que tomamos hoy, afectarán la calidad de vida que tenemos mañana" ~Cesar R. Espino

😌😌
El todo chido es dedicado a ti ...

Así que por eso hay dos columnas, en la primera escribe las cosas más chingonas de ti y en la segunda los miedos que quieras enfrentar y cosas que te gustaría cambiar. *
Para más apoyo entra a esta página privada de **Todo Chido**
https://www.facebook.com/groups/3367970560085206

Tus Cualidades Mas Chingonas	Tus Miedos y Cosas que te Gustaría Cambiar

*NOTA: Si en algún momento quieres usar las hojas de reflexiones, te recomendamos que hagas copias y así estas te sirvan para muchos usos en el futuro.

AMORES IMPOSIBLES

Todos en esta vida tenemos muchos amores algunos duraderos y algunos que se marchan sin ninguna explicación. Amores a los que les entregas todo y al final se van con el amanecer, amores a los que amas con todas tus fuerzas, pero no es posible estar con ellos. Amores que quisieras que fueran para toda la vida, pero vez que la vida es la que dura más que ese amor.

Pero todo y el más importante es ese amor el cual quieres con las fuerzas de tu alma, ese amor con el que planeabas un futuro. Ese amor con el qué haces ese click, y disfrutas los mejores días, con el que conoces, con el que experimentas todo lo bonito que pudiera ser una relación. Te preguntas una y mil veces si es lo que quieres y sabes que lo es, que ya no tienes dudas de eso y que ya no necesitas preguntártelo una vez más. Un día recorres ese lugar tan lindo con el que estabas con esa persona especial. Las flores aún están cerradas y en ese lugar solo están ustedes dos, volteas y está ahí, a un lado de ti y sabes que aún sigues pensando igual, ya estoy con esa persona correcta. Volteas a tu izquierda por un segundo y devuelves la mirada, se terminó ya no está, se fue y ahí, justo ahí, te das cuenta de que las cosas ya no volverán hacer iguales.

Entiendes que esa persona se marchó, regresas a ese mismo lugar, las flores ya abrieron y en ese lugar ya hay una multitud de gente, ya no es su lugar seguro, simplemente ya no está. Sigues tu vida y aún sigues preguntándote qué hubiera sido de ustedes dos. Cada uno toma rumbos diferentes y ya no vuelven a coincidir, empiezan hacer sus vidas y lograr sus metas, conocen nuevos amores, pero jamás olvidas ese amor, ese con el que hubieras querido estar los últimos días de tu vida.

Es ahí, justo ahí, donde te das cuenta de que tienes que aprender a amar nuevamente, a no buscar en otras personas las similitudes de la otra, porque eso no es continuar. Después amas, amas nuevamente, pero vez que es un amor sano, un amor bonito, el amor que siempre habías querido. Comienzas tu vida y por fin logras hacer un futuro con ella, aunque al final no olvidarás ese amor, ese amor imposible. Aunque tú vida continúe y seas feliz con esa persona, aunque la ames más que a tu vida, siempre en tu mente estará. Estará ese amor no logrado, al que no le dijiste esas últimas palabras, con las que no te despediste.

En relaciones es importante reconocer que todas las personas que llegan a nuestras vidas, incluso esos amores imposibles, llegan por una razón o una temporada. Cada amor que llega a nuestras vidas tiene su propósito o su temporada, unas llegan para darnos una lección que tenemos que aprender, incluso cuando esa lección es dolorosa y es necesaria para nuestro propio crecimiento. Otras llegan a nuestras vidas porque nosotros somos exactamente lo que ellas necesitan en ese momento de las vidas de ellas para impactar de una o de otra manera su vida. Una vez más, incluso si salimos lastimados y ellas llegan siendo ese amor imposible el cual al momento no podemos tener. Y la última temporada o razón es de personas que por fin le atinamos y ese amor imposible llega siendo el amor posible y de nuestra vida.

En esta vida, todos experimentamos amores, algunos duraderos y otros que se van sin ninguna explicación. A veces nos enamoramos de alguien con quien planeamos un futuro, pero a veces esa relación no funciona y la persona se va. Aunque es difícil, es importante aprender a seguir adelante y amar de nuevo. En este tema, discutiremos cinco puntos importantes para procesar y superar un amor imposible. Primero, discutiremos la importancia de aceptar la realidad de la situación. Segundo, hablaremos sobre la importancia de aprender de la experiencia. Tercero, abordaremos la importancia de no comparar a nuevas personas con la anterior. Cuarto, discutiremos la importancia de no tener miedo de volver a amar. Finalmente, discutiremos la importancia de seguir adelante y construir un futuro feliz con alguien más.

Aceptar la realidad: Es importante aceptar que la relación ha terminado y que la persona se ha ido. Aceptar esta realidad es el primer paso para poder avanzar y seguir adelante. Aceptar la realidad significa entender y aceptar que la relación no funcionó y que la persona se ha ido, sin tratar de negarlo o justificarlo. Es importante permitirse sentir el dolor y el proceso de duelo, incluso si es difícil. Aceptar la realidad también significa dejar de esperar o depender de esa persona y comenzar a ver el futuro sin ella.

Ejemplo: Una persona se enamoró de alguien que no podía estar con ella, debido a que vivían en países diferentes. Aceptar la realidad significa entender que no pueden estar juntos y dejar de esperar que algo cambie, para poder seguir adelante y encontrar alguien con quien puedan construir un futuro juntos.

Aprender de la experiencia: Cada relación nos enseña algo, incluso si es dolorosa. Es importante reflexionar sobre lo que hemos aprendido y cómo podemos utilizar esa lección en futuras relaciones. Aprender de la experiencia significa ver lo que funcionó y lo que no funcionó en la relación y cómo eso puede ayudarnos a tener relaciones más saludables en el futuro.

Ejemplo: Una persona aprendió que necesitaba comunicarse mejor en sus relaciones después de una relación en la que no se comunicaban bien y terminó en una pelea constante. Ahora, en futuras relaciones, se esfuerza por comunicarse de manera clara y abierta para evitar malentendidos.

No comparar a nuevas personas con la anterior: Es fácil comparar a nuevas personas con la anterior, pero eso no es justo ni para nosotros ni para la nueva persona. Cada persona es única y merece ser valorada por sí misma. Comparar a nuevas personas con la anterior puede causar que no veamos a la nueva persona por quien realmente es, o que la nueva persona se sienta comparada y no valorada.

Ejemplo: Una persona terminó con su novia y comenzó a salir con alguien nuevo, pero seguía comparando a la nueva persona con su exnovia. Esto causó que no pudiera ver las cualidades únicas de la nueva persona y no pudiera construir una relación saludable con ella.

No tener miedo de volver a amar: A veces el miedo a ser lastimados nuevamente nos impide abrirnos a nuevas relaciones. Es importante recordar que el amor es una de las cosas más bellas de la vida y que merece la pena arriesgarse. No tener miedo de volver a amar significa estar dispuestos a abrir nuestro corazón nuevamente, a pesar del riesgo de sufrir una nueva decepción.

Ejemplo: Una persona sufrió una decepción amorosa y se cerró a nuevas relaciones por miedo a volver a ser lastimada. Pero, después de reflexionar sobre lo importante que es el amor en la vida, decide darle una oportunidad a una nueva relación y se da cuenta que el amor vale la pena arriesgarse.

Seguir adelante: Aunque nunca olvidaremos ese amor imposible, es importante seguir adelante y construir un futuro con alguien más. No debemos dejar que esa relación anterior nos impida disfrutar de una vida plena y feliz. Seguir adelante significa dejar atrás el pasado y enfocarse en el presente y el futuro, construyendo una vida plena llena de amor y felicidad.

Ejemplo: Una persona estaba enamorado de alguien que no podía estar con ella, pero después de aceptar la realidad, aprender de la experiencia, no comparar a nuevas personas con la anterior, no tener miedo de volver a amar y seguir adelante, logra construir un futuro feliz y amoroso con alguien nuevo.

En conclusión, enfrentar y superar un amor imposible puede ser difícil, pero es importante para poder seguir adelante y construir un futuro feliz. Aceptar la realidad, aprender de la experiencia, no comparar a nuevas personas con la anterior, no tener miedo de volver a amar y seguir adelante son pasos importantes para superar un amor imposible.

Una posible solución para superar un amor imposible es permitirse sentir el dolor y el proceso de duelo, pero al mismo tiempo, enfocarse en el presente y el futuro y no quedarse caído, sino levantarse y seguir adelante. Es importante aprender de la experiencia y utilizar esa lección para tener relaciones más saludables en el futuro. También es importante no comparar a nuevas personas con la anterior, permitirse volver a amar y seguir adelante. Otra solución es buscar apoyo en amigos y familiares o incluso buscar ayuda profesional si se siente abrumado o no puede superarlo solo.

Despedida

Es aquí donde puedes escribir lo último que quieras decirle a esa persona.

Haz copia y escribe esa despedida... Después quémala y serás libre de ese sentimiento.

7

"QUE" SIGUE

Ya llegaste hasta este punto, entonces ahora te estas preguntado, "qué sigue" y ahora "qué hago", "cómo sigo adelante", ¿yo tengo la culpa? ¡Y esto duele bien gacho y no me puedo sacar este dolor! ¿Y sabes? esto es totalmente normal y es algo que, aunque uno no quiera, uno tiene que pasar y dependiendo de cómo uno reacciona determinará nuestro futuro. En este punto de la etapa de uno, especial cuando uno terminó de una relación o salió de esa relación en la cual uno luchó, le dio mucho y se dedicó en muchas maneras no es nada fácil.

Basado a eso queremos ofrecer algunas ideas y herramientas para que te levantes, te recuperes, y comiences tu vida amorosa de una manera más poderosa y con más confianza en ti mismo. Cuando uno está pasando por momentos difíciles es cuando uno puede perder la mente y las acciones; cómo reacciona uno nos hace hacer tonterías que nos puede costar muchas cosas y no solo en nuestras relaciones futuras, sino en muchos aspectos de nuestra vida y en uno mismo.

Como habíamos hablado, una relación nos puede traer muchos retos, incluyendo inseguridades, depresión, confianza en sí mismo, el miedo de no ser correspondido otra vez, ser usado y hasta tener en la mente que nunca encontraremos a nadie en la vida. Pero no tiene que ser así, más bien que nada cuando uno no es correspondido, o no es valorado, uno tiene que tomar todas esas lesiones amorosas y convertirlas en munición y herramientas para superar esos golpes tan gachos que nos da la vida.

Qué significa esto, en primer lugar, reconocer y aceptar la realidad y estar consciente de donde uno está. La primera cosa que uno tiene que hacer para poder comenzar a superar cualquier reto, es tener ese conocimiento y aceptar lo que sea la realidad, incluyendo cuando eso es doloroso. Es muy importante entender que no es la culpa de uno cuando alguien más nos hace daño, pero si es nuestra responsabilidad al cien por ciento de hacer algo sobre el hecho.

Aquí hay algunas cosas que te recomendamos para que tu hagas y comiences a superar ese dolor y vacío que te dejó la relación.

Superación Física

Es recomendable que saques todo ese enojo y esas malas vibras a través de actividades físicas. En muchas ocasiones cuando uno termina una relación, uno se descuida y no solo afecta lo físico, sino la salud del cuerpo, y también la salud mental.

Haciendo ejercicio, ya sea en el gimnasio, parque, en la casa o simplemente salir a correr o caminar puede impactar la vida de uno. Tampoco uno tiene que matarse haciendo mucho ejercicio cada día, algo tan simple como 45 min a una hora cada día hará mucho beneficio para la recuperación de uno.

El ejercicio ha comprobado:

- Liberar sentimientos de tristeza y esos sentimientos fuertes que nos pasan por la pérdida de esa persona
- Reduce resentimiento
- Reduce el estrés
- Nos permite pensar las cosas con una mente más clara
- Construye tu ego
- Recupera tu confianza
- Un cuerpo y vida más saludable
- Y más beneficios...

Comenzar un Diario

Aunque no lo crean, escribiendo en un diario cada día tiene muchos beneficios para la salud mental y también para planificar el futuro de uno. Escribiendo en un diario cada día no tiene que ser algo que te demore mucho, incluso hasta algo tan pequeño como 5 a 10 minutos diarios es suficiente. Tampoco debe tener un formato o estructura especifica o especial. El punto de este ejercicio es de escribir todos los pensamientos y sentimientos de uno.

Acuérdense que la mente es como una computadora y esto es una manera de hacer una descarga mental y no caminar todo el día con todos esos pensamientos negativos. Incluso también es una buena manera de también tomar el momento para escribir de esas cosas que le damos gracias. Escribiendo diariamente te ayudará de esta manera.

Descarga Mental

- Dar gracias, por un día más de vida, por leer, por poder hablar; hay muchas cosas en cuales podemos ser agradecidos, incluso cuando creemos que nuestro mundo se nos está acabando. Muy importante que cuando demos gracias lo hagamos con intención.
- Escribiendo las cosas puede mejorar el estado mental y memoria
- Reducir el estrés
- Puede ayudar a ser más creativo
- Escribir sobre lo que uno quiere y buscar en el trascurso del día a lo que te motive
- Te da la capacidad de reflexionar sobre ti mismo
- Te ayuda a organizar tus pensamientos

Prepárate Para una Nueva Relación

Al momento que uno ya ha sanado esas heridas que nos dejó esa experiencia es momento de buscar el amor otra vez. Nuestra sugerencia es que antes de que comiences a buscar a esa mujer, tienes que estar muy seguro en lo que tú quieres y buscas. Esta es tu oportunidad de pedir y buscar exacto lo que tú quieres. De no comprometer lo que buscas o quieres por algo menos, o sea en realidad busca exactamente lo que quieres en tu siguiente pareja.

- Haz una lista de cualidades que buscas en la persona
- Esta lista tiene que ser muy específica, por ejemplo – Busco una mujer que me ame (no es suficiente y específico), algo mejor sería – Busco una mujer que me ame con todo su corazón y solamente tenga ojos y amor de pareja hacia mí.
- Un mínimo de 50 cosas en esta lista, en nuestra experiencia hemos visto listas de cualidades que llegan a los cien o más.
- La lista tiene que ser todo en lo positivo (que la lista, frase, oraciones no tenga nada de cosas negativas). Por ejemplo – Busco una pareja que no le guste fumar (este está en el sentido negativo con la palabra "no"), algo mejor sería – Busco una pareja que sea libre de fumar. Para entender más esto nuestra mente está compuesta de dos maneras, la conciencia (la mente lógica) y la subconciencia (opera como una computadora) y los resultados de palabras negativas lo que hace es programar nuestra subconciencia de una manera que nos afecta sin que uno se dé cuenta.
- Al momento que le diste mucha mente y pensamiento a esta lista y la tienes terminada, ahora tienes que estudiarla y mirar todas esas cualidades que buscas en esa mujer y asegurarte que tú también las tienes.
- En otras palabras, tú vas a traer eso que tu posees.

- Si tú estás buscando alguien que no tome, pero tú tomas mucho, primero tienes que mejorar eso para poder atraer esa persona que tampoco toma.
- Mira la lista y comienza a trabajar en esas cosas las cuales tú estás buscando en alguien más y tú todavía no la haz realizado por ti mismo.

Aquí es donde tú vas a tomar la oportunidad de ser una versión mejor para ti mismo. Si tú mejoras 1% cada día, al final de un año, tú serás 365% mejor y créeme que tendrás opciones y más importante, habrás ganado y recupera tu poder.

En el capítulo de ejercicios hay una página donde puedes escribir tu lista, recuerda sacarle una copia a esta página y escribe lo que buscas en esa persona ideal.

Sistema de Apoyo

Una de las cosas peores que uno puede hacer es de procesar todos estos sentimientos o pasar por algo difícil, como la pérdida de una relación, solo. Nuestra sugerencia es que busques un sistema de apoyo, uno en cual no te juzgarán, te escucharán y te apoyarán. Por ejemplo, el apoyo que encontrarás en este libro, o siguiéndonos en nuestras redes sociales.

- Rodéate de personas que te levanten el ánimo y no te lo bajen.
- Busca alguien que te ayude a ser responsable con tus metas.
- Busca personas o cosas que te están sumando y no restando en tu vida.

- Busca otras personas las cuales están pasando por lo mismo que tú y están en el proceso de mejoría, así se puede ayudar de uno a otro.
- Buscar cosas o personas que te ayuden a seguir creciendo como persona – educación continua (como este libro).
- Un sistema de apoyo que esté alineado con tu propósito.
- Un sistema de apoyo en el cual les preocupe tu autocuidado.

Proyectos

En vez de hundirte en depresión, tristeza, o en tonterías que no te ayudarán para nada. Mejor entretente en cosas positivas o que te ayudarán a procesar y olvidar todos esos golpes. Una manera para procesar y mejorar la situación de una manera positiva es buscar en que uno se puede entretener.

Aquí tienes la oportunidad de regresar a ese proyecto que dejaste de hacer por estar en esa relación. O comienza algo que tanto haz querido iniciar. Aquí hay algunas sugerencias que puedes hacer para ayudarte durante este proceso.

- Comienza a ir al gimnasio
- Pinta tu casa
- Aprende un nuevo lenguaje
- Quieres aprender a bailar, toma clases
- Quieres conocer nuevos lugares, pues viaja
- Toma clases de karate
- Aprende como tocar ese instrumento
- Etc....

Este es tu momento de hacer y reinventar tu vida, porque la persona que perdió aquí fue ella y no tú. Cuando comienzas a hacer más cosas para ti, te darás cuenta de que al final de cuentas tú eres más poderoso, no necesitas a nadie que te complete, más bien la persona que estará a tú lado no te completa, sino que te suma en tú vida.

Por último y parte de tu proceso de crecimiento, tienes que eliminar y sacar a esa persona de tú vida, de tus redes sociales, de tu teléfono, y cualquier otra cosa en la cual te mantiene atada esa persona que te hizo daño.

También es muy importante que no pierdas todas tus penas en drogas o adicciones, incluyendo exceso de tomadera, trabajando muchas horas, sexo, fumadera y otras drogas, saliendo siempre en puras fiestas. Tienes que encontrar la importancia de quién quieres ser y comenzar de una vez para transfórmate en esa persona que se perdió o descuidó por esta relación.

Nuestro mejor consejo es que uses y apliques si no todas, algunas de estas cosas en tu vida para procesar, crecer y encontrarte como el campeón que tú eres...

Acuérdate que ahora solo es el comienzo y mañana es un nuevo día lleno de oportunidades...

Mucho ánimo y ¡Todo Chido!

8

POEMAS

POR MILÉSIMA VEZ

Si tú y yo.
Si tú y yo coincidimos un día por casualidad en esas calles transitadas como todos los días,
si tú de reojo me ves y yo al momento volteo te pido que no me hables.
No sostengas esa mirada que tanto deseo que me vea, porque sé que mi corazón al momento estará a mil por hora,
pero que sé que en el fondo de él aún están esas heridas que causaste.
Continúa tu camino y sigue avanzando que yo haré lo mismo,
pero al cruzar dos cuadras voltearé a ver si tu silueta aún se distingue.
Cuando ya no te vea ahí, en ese momento suspiraré y ese suspiro se irá contigo y es ahí cuando por milésima ves me despido de ti.

SOLO UN SEGUNDO

Hoy desperté y quise acordarme de cómo era tu aroma
y por más que lo intentaba jamás pude acordarme de aquel.
Me senté en la cama y sonreí al acordarme de todo lo que vivimos juntos
y sin darme cuenta mis lágrimas comenzaron a brotar.
Cerré mis ojos y dije en silencio "te amo", para ver si tú lo escuchabas donde quiera que tú estes.
Salí y abrí la puerta,
miré el cielo y sonreí.
Tenía tantas ganas de hablar contigo
contarte todo lo que he pasado desde que ya no estás aquí,
pero no se podía aunque, con toda mi alma deseaba que estuvieras aquí.
Aunque fuera solo un segundo no lo paraba de repetir,
llegué al trabajo y miré esa foto en mi escritorio sonreí,
porque de alguna manera ahí estabas.
De regreso a casa yo seguía pensando en cuál era ese aroma que te hacía distinguir,
al caminar con la confusión en mi mente tropecé con aquella mujer.
En ese momento alcé la mirada, porque al respirar olía a ti,
fue ahí cuando recordé ese aroma a jazmín,
ella se disculpa y se va lentamente
y en mi mente solo pensé, solo un segundo
fue suficiente para saber que ¡te amaré eternamente!

TE AMO TANTO

Te amo tanto que aún no creo todo este gran amor que siento por ti,
te amo tanto que aun no entiendo como una persona pudo derrumbar esas grandes murallas que poco a poco se construyeron.
Esas murallas que poco a poco **SE** construyeron,
esas murallas que ya eran parte de mí.

Te amo tanto que aún tengo miedo de que tú te vayas de mí
y no por el hecho de que no pueda sobrevivir,
sino por el hecho de que sospecho que si tú te vas todo se derrumbara en mí,
ni esas grandes murallas me salvarían de sufrir así
y es que contigo yo he aprendido a amar de verdad.
Que no es malo entregar tu corazón de una forma completa porque,
o se ama completamente,
o es mejor dejarlo así.
Y es que es por eso, por lo que te amo tanto que por eso hoy escribí,
para que te des cuenta que aunque haya mil obstáculos, todos los superaré junto a ti.
Y es que sí existe un para siempre
y quiero que ese para siempre sea el que siempre me traiga a ti.

Y ES QUE ERES TÚ

Recuerdas ese día,
ese día en que los dos tomábamos café.
Ese día en el cual tenías esa gran sonrisa,
y tu cabello volaba con el viento.
Recuerdas ese día en el que me preguntabas cuál era mi poema favorito
y solo sonreí.
Y es que si tú te vieras en mis ojos lo comprenderías todo,
cuando te miré por primera vez miré esa sonrisa deslumbrante
y es que eras tú ese poema más bonito.
Mi preferido desde que te vi
y yo, siendo un lector con muchas ganas de recitarte para saber aún mas de ti.

TAL VEZ

Tal vez en nuestra próxima vida volvamos a coincidir
y tal vez no de la misma forma
sino que diferente.
Tal vez nos encontremos en un parque como tanto te gustaba hacerlo,
yo iré corriendo como cada mañana lo solía hacer y tú estés ahí sentada leyendo.

Tal vez al momento de pararte choque contigo como la primera vez.
Cuando tú libro caiga yo apenado lo recogeré.
Al tomar el libro me daré cuenta de que es lo mismo que te gustaba leer.
Empezaré a decirte una parte de lo que tú lees en él.
Tu sonreirás y en ese momento entenderemos porque te encontré otra vez.

Se volverá mi parte favorita del día
salir cada mañana para ver si te vuelvo a ver otra vez.
Pasaré y te saludaré hasta que por fin te invite a salir por un café.
Pedirás tu café favorito y te diré que el mío también lo es
y será ahí en ese momento cuando tú corazón me reconozca otra vez.
Y es que si funcionó en otra vida,
tal vez,
tan solo tal vez,
en esta vida teníamos que coincidir.

¡ERES!

Esa canción favorita que me gusta escuchar
y es que eres tan bonita que me causas paz y tranquilidad.
Eres esa melodía tan linda que me gusta repetir,
una y mil veces solo para escuchar esa voz tan preciosa
que puede existir
y es que si te cuento un secreto
y pienses que estoy loco,
con tan solo escuchar un poco mi corazón no deja de latir.
Es difícil explicar cómo eres esa melodía tan dulce.
Y es que tú eres la causante
de que mi corazón se acelere cada vez que se reproduce.

RECUERDA

Recuerdas cómo comenzó todo,
recuerdas lo feliz que eras,
esa sonrisa tan linda que siempre estaba en tu rostro y que te distinguía ante los demás.
Recuerdas esas veces que disfrutabas de ver esas películas que tanto te gustaban.
De esas canciones que te traían un recuerdo bonito a tu vida,
recuerdas cuando convivías con todos y sin importar lo que fuera a pasar en un futuro.
Recuerdas esos días nublados que te encantaban
Y esos días soleados donde disfrutabas salir
a algún lugar con tus amigos a tomarte unas buenas cervezas, o pasarla bien en un balneario.
De algún modo disfrutabas la vida sin tener miedo a un mañana,
hablabas,
gritabas,
cantabas
Y bailabas en público y en privado.

Y ¿Qué pasó?
Ahora todo te parece mal
te quejas de la lluvia y de los días soleados.
Te alejaste de tus amigos,
incluso ya no hablas con ninguno de ellos.
Ahora prefieres estar solo y sin que nadie te moleste,
la vida cambio totalmente para ti.
Pero no encuentras las razones correctas del porqué pasó esto,
Buscas algunas respuestas, pero no las encuentras.

Tal vez es, porque creciste y ya no te parece divertido
hacer todo ese tipo de cosas, pero ¡caramba!
Si a ti te gustaban,
tal vez la razón sea diferente.
Y es que en esta sociedad
tal vez esos comportamientos a tu edad ya no sean correctos,
pero a quien engañamos.
Te mueres por hacerlos una vez más,
¡hazlo! tomate un día y haz lo que te gusta,
recuerda que solo tenemos una vida
y esa vida se pasa muy rápido.
Recuerda lo feliz que fuiste,
pon esa película,
baila con esas canciones siempre.
Y lo más importante
es que recuerdes
que esa sonrisa tan tuya
era la que te distinguía.

EJERCICIOS

Ejercicio Sobre La Energía Lunar

La luna llena es una buena manera para ayudarte a recargar energías, reflexionar y reconectarte. Puedes hacer este ritual cada mes, ya que hay una luna llena todos los meses. A menudo se ha descubierto que muchas personas cuando alinean sus energías con las energías específicas de la luna se sienten más inspiradas y productivas. Cuando uno como humano se acerca a la energía de la naturaleza y se sintoniza con esa misma energía puede comprenderse a uno mismo en un nivel más profundo. Por esta misma razón muchas personas practican los rituales mensuales con la energía de la luna, para llegar a un nivel más profundo en sí mismo, recargar, reflexionar y comenzar de nuevo.

Cuando la luna está llena es el momento en el cual se considera que la luna está en el pico más alto de su energía. En este estado ayuda a uno para el autocuidado, sea en el aspecto físico o emocional (por ejemplo dejar ir esos pensamientos que no nos ayuda, cosas que repetimos y no nos ayudan, comportamientos e incluso relaciones negativas). Este también es el momento para "manifestar con la Luna" por prosperidad, salud, relaciones, y economía.

Aquí hay ciertos pasos cómo practicar un ritual de una luna llena y utilizar esa energía para tu beneficio.

Conéctate a la Tierra

A medida que se acerca la luna llena, es bueno que uno se conecte con la tierra, es de una buena práctica que en el transcurso del mes uno se pregunte como se siente física y mentalmente, ¿Cómo son sus relaciones y su carrera? Haciendo estas preguntas y estar sintonizado con sus sentimientos lo ayudará a uno mantenerse conectado a la tierra y ayudará a realizar cambios positivos de manera eficiente.

Mantén un Diario

En una luna llena es el momento perfecto para sacar ese diario, aquí es donde puede ser útil anotar cómo se siente uno o escribir las respuestas a las preguntas que se haya hecho día en día. Un diario también es útil para escribir las cosas que uno quiere y manifestarlas en la vida de uno. Escribiendo te puede dar más claridad en hábitos, relaciones, situaciones, y personas.

Ser Agradecido (dilo y escríbelo)

Muchas veces se nos olvida de todo lo que tenemos porque nuestro enfoque está en lo que perdimos, o lo que no logramos. Durante una luna llena es importante dar gracias por todo lo que tenemos y lo que nos viene, usando este momento y la energía de la luna va a amplificar el agradecimiento y puede multiplicar en nuestras vidas a igual manifestar las cosas que estamos pidiendo. También es recomendable escribir en nuestro diario por lo que estamos agradecidos que es una forma de tener ese autocuidado para seguir creciendo y para adelante.

Enfoque en sí Mismo y Meditación

Durante una luna llena es un momento perfecto para también enfocarse en uno mismo y meditar. Es una buena manera usar la energía de la luna para reflexionar y pensar en esos pensamientos positivos y relaciones en las cuales uno quiere para su vida. Enfocarse en ese cambio que uno quiere atraer en todos los aspectos, o sea mental, la salud, ese dinero y esas relaciones.

Explora la Respiración Profunda

Algo práctico que uno puede hacer durante la meditación es la respiración profunda. Participando en la respiración profunda puede desencadenar emociones o incomodidades fuertes en lo cual esta respiración puede permitirle desplegar estas emociones. Aquí es cuando uno practica esto para relajarse, limpiar la mente, y tener más claridad.

Báñate (o Dúchate)

Bañarse es otra forma de usar la energía de la luna llena para limpiar el cuerpo.

Haciendo esto, asegúrate que te relajas, que estás pensando cosas positivas, y manifestando cosas en tu vida. Este es el momento de quitarte todo lo sucio que uno está cargando. Es una forma de limpieza que cuando dejas salir el agua de la tina, imagina que estás dejando ir lo que ya no te es útil, directamente por el desagüe. Aquí te estas enfocando en limpiar todo lo sucio o energía negativa que se ha acumulado durante el mes e imagínate que bañándote y como corre el agua por tu cuerpo está limpiando y curando con la energía de la luna.

Escribe una Carta y Quémala

Muy recomendable que escribas una carta y la quemes. Debido a que la luna llena tiene que ver con la finalización, la limpieza, la liberación y la eliminación de lo que ya no funciona para uno, este es el mejor momento para escribir tus pensamientos internos y más profundos y luego liberar toda esa energía gastada al ver cómo se quema por completo (con seguridad, por supuesto).

🩶🩶
Sección de carta para escribir *y quemar en una luna llena**

_____
_____
_____
_____
_____
_____
_____
_____
_____
_____
_____
_____
_____
_____
_____
_____
_____
_____
_____
_____
_____
_____
_____
_____
_____
_____
_____
_____
_____
_____

*NOTA: Si en algún momento quieres usar las hojas de reflexiones, te recomendamos que hagas copias y así estas te sirvan para muchos usos en el futuro.

🗨🗨
Ejercicio Sobre un Dia de Motivación y Esperanza.
Está hoja tómala, pon una fecha, una hora, un lugar y busca tu mejor ropa.
Y cuando te hayas tomado ese día libre para vivir tu vida como te gusta, regresas a escribir como te fue. *

_____
_____
_____
_____
_____
_____
_____
_____
_____
_____
_____
_____
_____
_____
_____
_____
_____
_____
_____
_____
_____
_____
_____
_____

*NOTA: Si en algún momento quieres usar las hojas de reflexiones, te recomendamos que hagas copias y así estas te sirvan para muchos usos en el futuro.

Ejercicio Sobre la Pareja Ideal

Seguimiento del tema que se habló sobre la Pareja Ideal en el capítulo 7.

Para manifestar y encontrar a esa pareja ideal, aquí te dejamos un ejercicio, que si lo sigues a la letra, no solo encontrarás a esa pareja, también te superarás como persona dándote la energía para atraer a más personas a tu vida y tener una vida de más abundancia.

Para maximizar este ejercicio y tener los mejores resultados, sigue estos pasos

- Escribe las cosas que buscas en esa persona ideal
  - Tienes que escribir todo en el sentido positivo
- Entre más cosas escribes es mejor, recomendamos tan siquiera unas 50 cosas
- Tienes que ser muy específico en tu mensaje, por ejempló: Quiero una relación amorosa – eso puede insinuar que pude ser una relación de cualquier sexo, y puede ser amorosa pero no saludable. Podrías escribir: *Quiero una relación amorosa con un hombre o una mujer de 25 años, que solo me quiera a mí.*
- Cuando hayas terminado tu lista (tómate tu tiempo y sé consiente de lo que escribes y muy importante que seas específico y todo positivo), regresa y mira todo lo que haz escrito y clasifica cada uno de esos puntos en dos categorías.
  1. Ya lo estoy haciendo, o ya yo soy esto que busco en esa pareja

2. O tengo que hacerlo para mí mismo, o esto que busco en esa pareja yo todavía no lo cumplo

- Cuando tengas las dos categorías, hay que enforcarnos en la segunda lista (la que todavía no eres, y necesitas eso para ti).
- Con esta lista enfócate y comienza a trabajar en ti mismo para poder ser lo que tú quieres en esa persona.
  - En otras palabras, no puedes pedir y buscar a una persona de una forma cuando tú mismo no lo eres o no lo practicas, mejora eso de ti, y atraerás eso mismo, lo que tú eres y buscas.

ღღ
Esta hoja es para que escribas las cualidades y eso que tú buscas de esa pareja ideal*

1.
2.
3.
4.
5.
6.
7.
8.
9.
10.
11.
12.
13.
14.
15.
16.
17.
18.
19.
20.
21.
22.
23.
24.
25.
26.
27.
28.

29.	
30.	
31.	
32.	
33.	
34.	
35.	
36.	
37.	
38.	
39.	
40.	
41.	
42.	
43.	
44.	
45.	
46.	
47.	
48.	
49.	
50.	
Etc.	

*NOTA: Si en algún momento quieres usar las hojas de reflexiones, te recomendamos que hagas copias y así estas te sirvan para muchos usos en el futuro.

Ejercicio Sobre la Hoja de Sueños

El propósito de este ejercicio es ayudarte a pensar, y manifestar lo que uno busca en su vida. Haciendo este ejercicio piensa lo que quieres entre los siguientes cinco años. Aquí nos vamos a enfocar en 4 elementos: Personas, Lugares, Cosas/Premios y Experiencias, en los cuales quieres enfocarte y pensar lo que te gustaría en cada uno de esos ellos. Para este ejercicio tómate unos 5 y no más de 10 minutos, concéntrate en un lugar silencioso sin interrupciones y escribe todo lo que se te venga a la mente durante ese momento para los cuatro elementos. Piensa como si no hubiera restricciones ni obstáculos para obtener todo lo que quieres. No te distraigas y mantén el enfoque y vista en tu papel, escribiendo todo lo que venga en mente. Al final de que hayas escrito y terminado, vas a ver esta hoja todos los días, visualizarla y tomar ciertas acciones para conseguir todo eso que has pensado y escrito en este ejercicio.

Personas
1. *El presidente (por ejemplo)*
2.
3.
4.
5.
6.
7.
8.
9.
10.
11.
12.
13.
14.
15.
16.

Lugares
1. *París (por ejemplo)*
2.
3.
4.
5.
6.
7.
8.
9.
10.
11.
12.
13.
14.
15.
16.

Cosas y Premios
1. *El carro del año de mi gusto (por ejemplo)*
2.
3.
4.
5.
6.
7.
8.
9.
10.
11.
12.
13.
14.
15.
16.
Experiencias
1. *Retirar a mis padres de su trabajo (por ejemplo)*
2.
3.
4.
5.
6.
7.
8.
9.
10.
11.
12.
13.
14.
15.
16.

AGRADECIMIENTOS

Este libro está dedicado principalmente a todos esos morros, esos seguidores que han hecho todo esto posible. Se lo dedico a mis padres que me han apoyado desde el inicio por haberme forjado como la persona que soy en la actualidad y por motivarme día a día constantemente para alcanzar mis anhelos y luchar siempre por mis sueños a pesar de cualquier obstáculo que se presentara. Gracias a ellos que me apoyaron siempre y creyeron en mí todos los días y me ayudaron a ser fuerte cuando no podía. De igual manera a mi pareja Alejandro Rocha, que siempre estuvo apoyándome y en cada paso ha estado presente siendo mi motivación.

Así como a mi familia y a Cesar R. Espino que me brindó la oportunidad de crear este libro y que juntos hemos ido formando para así apoyar a más personas y llegar más lejos. Con un fin primordial, el ayudar a todos aquellos que estén en un mal momento y sepan que siempre existe un nuevo comienzo.

SOBRE LOS AUTORES

Lupita V. García

María Guadalupe Vega García también conocida como "Lupita Garcia" de 23 años de edad, profesión abogada. Nacida el 05 de noviembre de 1999 en Ciudad Mante, Tamaulipas. Hija de Aarón Vega y Natalia Hernández, hermana menor de Carlos Alberto Vega. A los 18 años se mudó al estado de Guanajuato y el día 09 de junio del 2022 empezó a realizar videos motivacionales dedicados a los hombres, siendo una "influencer" en las redes sociales, motivadora con su mensaje para hombres, dándoles esperanza y ayuda de crecimiento.

Lupita también se ha enfocado en no solo ayudar a los hombres a superar sus obstáculos, también ha crecido su amor y pasión para ayudar a niños de bajos recursos e incluso viviendo en albergues. Toma una buena parte de su vida para dedicarle tiempo a lo que se considera filantropía e incluso a veces poniendo muchas cosas de su vida a un lado para enfocarse y darle más atención a esta buena causa.

Su determinación y dedicación la ha llevado a muchos lugares incluyendo el lanzamiento de su libro, con un título de *"Todo Chido un Nuevo Comienzo"* dándole el reconocimiento de una autora de mejores ventas y todo esto realizado en su temprana edad.

Para comunicarse con Lupita:

 www.facebook.com/lupex.vega.9

 www.instagram.com/lupitha_zz

@merry99v

lupitha051@outlook.com

César R. Espino, MBA

César R. Espino es un ciudadano americano naturalizado y actualmente residiendo en Los Ángeles, California. Emprendedor a tiempo completo con una experiencia intensiva en negocios, tiene una Maestría en Administración de Empresas y una Licenciatura en Ciencias en Tecnología de la Información.

César nació en la Ciudad de México durante una época en la que el país tenía una de las mayores deudas externas y atravesaba una crisis financiera. No solo nació en una familia pobre, también nació de un solo padre (su mamá) y nunca conoció a su padre biológico. Cuando era niño, César vivía con su abuela, su madre y su hermano mayor, viviendo en una habitación o como él llamaba a su casa que tenía solo unos 18.58 metros cuadrados. Este lugar no tenía agua corriente adentro, no tenía piso y vivía y dormía directamente encima de la tierra, no tenía aislamiento y estaba hecho de chapa y madera contrachapada. Vivió en esta casa sosteniendo a cuatro de ellos. Alrededor de la época en que su madre dio el salto de fe, donde decidió dejar atrás a su familia y emigró a los Estados Unidos para perseguir el "Sueño Americano" y apoyar a su familia a través de las fronteras, se convirtió un momento crucial en la vida de César, ya que lo obligó a comenzar a trabajar a una edad temprana (a los cuatro años) para poder sobrevivir y poner algo de comida en la mesa.

A lo largo de su viaje de vida, ha superado muchos obstáculos diferentes. Hoy, la pasión de César R. Espino es empoderar, educar, inspirar y aspirar a muchos a través de sus experiencias y lecciones de vida. Aparte de su educación, César ha trabajado para varias empresas en todo el mundo, ocupó cargos en las corporaciones estadounidenses, es autor del libro *¡Tú Puedes Superar Cualquier Cosa! Incluso Cuando El Mundo Dice Que "NO"*, igualmente más de 14 libros en inglés que han llegado a mejores ventas en diferentes países, haciéndolo autor #1 de mejores ventas internacionales. También es un inversionista de bienes raíces en Los Estados Unidos, mentor de bienes raíces, anfitrión del programa de Podcast con el nombre *You Can Overcome Anything! Podcast Show*, mentor de vida, y lo más importante un hijo, padre y orgulloso abuelo.

Algunos de los elementos clave de su filosofía se basan en cambios de mentalidad, tutoría y rodearse de las personas adecuadas.

César ofrece una variedad de programas para ayudar a las personas a mejorar su situación actual, educar y proporcionar una forma de tener su propio negocio. César está creando oportunidades para que las personas tengan una oportunidad en la vida, independientemente de los antecedentes o la situación actual de las personas. Él es capaz de hacer esto a través de sus diferentes programas y experiencias en múltiples áreas como:

- Inversión en bienes raíces
- Libros más vendidos
- Programación Neurolingüística (Entrenador de Mente y Vida)
- Tutoría
- Consulta de trabajo
- Eventos de autodesarrollo
- Oratoria en vivo, podcast y noticias
- Seguros de vida y banca infinita

www.facebook.com/cesar.espino.1297
www.instagram.com/cesarrespino
www.CesarRespino.com /
www.linktree.com/espinoc
www.linkedin.com/in/cesar-espino
www.twitter.com/cesarrespino
@cesarrespino

www.ingramcontent.com/pod-product-compliance
Lightning Source LLC
Chambersburg PA
CBHW070602170426
43201CB00012B/1902